公路工程试验检测技术操作手册

Tugong Shiyan

土工试验

江 西 省 交 通 工 程 质 量 监 督 站

主编

江苏省交通科学研究院股份有限公司

人民交通出版社

图书在版编目(CIP)数据

公路工程试验检测技术操作手册. 土工试验 / 江西省交通工程质量监督站,江苏省交通科学研究院股份有限公司主编. — 北京 : 人民交通出版社,2013.10
ISBN 978-7-114-10870-9

Ⅰ. ①公… Ⅱ. ①江… ②江… Ⅲ. ①道路工程 - 土工试验 - 检测 - 技术手册 Ⅳ. ①U416.03 - 62

中国版本图书馆 CIP 数据核字(2013)第 212281 号

公路工程试验检测技术操作手册

书　　名: 土工试验
著 作 者: 江西省交通工程质量监督站
江苏省交通科学研究院股份有限公司
责任编辑: 韩亚楠　崔　建
出版发行: 人民交通出版社
地　　址: (100011)北京市朝阳区安定门外外馆斜街 3 号
网　　址: http://www.ccpress.com.cn
销售电话: (010)59757973
总 经 销: 人民交通出版社发行部
经　　销: 各地新华书店
印　　刷: 北京市密东印刷有限公司
开　　本: 880 × 1230　1/32
印　　张: 2
字　　数: 36 千
版　　次: 2013 年 10 月　第 1 版
印　　次: 2013 年 10 月　第 1 次印刷
书　　号: ISBN 978-7-114-10870-9
定　　价: 245.00 元(含光盘)

编审委员会

编写委员会

序

随着我国公路建设事业的飞速发展,试验检测工作对公路工程质量安全的基础保障作用日益突显,各级交通运输主管部门、质监机构和参建单位对试验检测数据重要性的认识普遍提高。

真实、准确、客观、公正的试验检测数据是控制和评定工程质量、保障工程施工安全和运营安全的重要依据和基本前提,是推进技术进步和加强质量管理的先导,是严把工程质量的重要关口。

真实、准确、客观、公正的试验检测数据来源于正确的操作。对于试验检测规程、规范的学习应用,理解的偏差、操作方法的不同、错误的习惯做法都会对试验检测的准确性和有效性造成很大影响。受传统授课方式的限制,实际操作往往难以按照标准、规程所规定的方法和步骤完整、规范、熟练地进行。因此,亟需一部直观、生动、实用的试验检测操作教材。

为此,在总结提炼公路工程试验检测操作成功经验的基础上,江西省交通工程质量监督站、江苏省交通科学研究院股份有限公司历经两年,精心摄制了《公路工程试验检测技术操作手册》教学片。教学片遵循科学与实用的原则，以国家和部颁技术规范、规程、标准为依据，包含了公路工程原材料、水泥混凝土、无机结合料、沥青混合料、现场检测五大类70余个参数试验检测项目，演示了试验检测操作的全部过程。有助于不同层次的试验检测人员掌握试验操作步骤、要点，对规范试验检测操作具有较强的实用性和指导性。

近年来为提高试验检测人员水平，各级质监机构和检测机构采取了不少措施，结合工程建设特点组织了技能竞赛、技术比武、实验室比对等活动。应该说，试验检测人员水平总体是不断提高的。但是，客观地讲，试验检测人员水平与我国公路建设不断加快发展的需要还不相适应。《公路工程试验检测技术操作手册》及教学片的出版发行为当前在全国范围内开展试验检测人员继续教育提供了良好教材。希望，所有试验检测人员要增强对试验检测事业的责任心和使命感，认真学习操作，掌握技巧，破解难点，以良好的职业道德和过硬的业务素质，推动试验检测行业持续健康发展。

交通运输部工程质量监督局副局长

2013 年 8 月

前　　言

为了认真贯彻落实交通运输部《高速公路施工标准化活动实施方案》，推广高速公路建设典型示范经验，推进江西省高速公路建设管理标准化活动，进一步提升试验检测工作水平，促进试验检测操作标准化，江西省交通运输厅、江西省交通工程质量监督站、江苏省交通科学研究院股份有限公司联合编写了《公路工程试验检测技术操作手册》，并专门录制了学习光盘，分为六个分册。

本学习光盘摄制规模之大，在国内尚属首次。课题组选取了公路工程主要试验检测项目进行学习视频的摄制，手册主要包括原材料、水泥混凝土、无机结合料、沥青混合料、现场检测五大类共70个参数的试验检测项目。学习光盘的摄制工作分了七个工作小组，参加人员超过50人，并聘请了多名资深试验检测专家担任摄制工作的顾问，完成了2个样片的摄制和制作工作，组织专家召开了2次摄制台本和试验视频的评审会，为保证教学片摄制质量奠定了良好基础。

手册与学习光盘配套使用，具有“图文并茂，专业性强，通俗易懂”的优质效果。以路基、路面、桥涵等工程中的原材料试验、混合料配合比设计试验，施工抽检试验，交工验收检测等为主线，以现行试验规程和设计、施工技术规范及其他相关技术标准、资料为主要内容，涵盖了公路工程试验检测的各个方面。手册所引用的试验方法、技术标准都出自最新版本，所有试验方法均有注意事项栏。本手册可为试验检测行业不同层次水平的从业人员实现有效的可视化学习，不受时间、空间的限制，提高效率，可有效指导施工、提升工程质量，也可有效宣传江西省试验检测管理标准化活动的实践成果，为实现江西省交通运输厅提出的让“标准成为习惯、习惯符合标准、结果达到标准”的目标发挥重要作用。

本手册和学习光盘可供建设单位、监理单位和施工单位试验检测人员、管理人员使用，对于未涵盖的内容，应依据有关法律、法规和相关标准、规程执行。本手册在编写过程中得到了各级领导和专家的指导，在此一并表示感谢。由于编制时间仓促，疏漏之处在所难免，各有关单位和从业人员在使用本教材时，如发现问题或欲提出改进意见，请函告江西省交通工程质量监督站。

地　　址：南昌市沿江北路18号，邮编:330008。

编　者

2013年8月

目　　录

1 总则

1.0.1 为适应交通运输发展和公路建设的需要,提高试验检测工作质量和从业人员技术水平,保证工程安全可靠、经济合理,制定本手册。

1.0.2 本手册和学习光盘适用于公路工程土工试验参数的性能试验。其中为方便读者阅读,图、表、公式序号排法与规范序号保持一致。

1.0.3 本手册和学习光盘发布时,所引用规程、规范及其他相关技术标准和资料均为有效。当所引用版本更新时,本手册和学习光盘将同步更新发行。

2　土工试验

2.1　环刀法测定压实度试验方法(参照 T 0923—1995 执行)

2.1.1　目的和适用范围

(1)本方法规定在公路工程现场用环刀法测定土基及路面材料的密度及压实度。

(2)本方法适用于测定细粒土及无机结合料稳定细粒土的密度。但对无机结合料稳定细粒土,其龄期不宜超过2d,且宜用于施工过程中的压实度检验。

2.1.2　主要检测设备

(1)人工取土器:包括环刀、环盖、定向筒和击实锤系统(导杆、落锤、手柄)。环刀内径6~8cm,高2~3cm,壁厚1.5~2mm。

(2)天平:感量0.1g。

(3)其他:镐、小铁锹、修土刀、毛刷、直尺、凡士林、木板及测定含水率设备等。

2.1.3 试验准备

按有关试验方法对检测对象试样用同种材料进行击实试验,得到最大干密度及最佳含水率。

2.1.4 试验步骤

(1)用人工取土器测定黏性土及无机结合料稳定细粒土密度的步骤。

①擦净环刀,称取环刀质量 m_2,准确至0.1g。

②在试验地点,将面积约30cm×30cm的地面清扫干净,并将压实层铲去表面浮动及不平整的部分,达到一定深度,使环刀打下后,能达到要求的取土深度,但不得将下层扰动。

③将定向筒齿钉固定于铲平的地面上。顺次将环刀、环盖放入定向筒内与地面垂直。

④将导杆保持垂直状态,用取土器落锤将环刀打入压实层中,至环盖顶面与定向筒上口齐平为止。

⑤去掉击实锤和定向筒,用镐将环刀及试样挖出。

⑥轻轻取下环盖,用修土刀自边至中削去环刀两端余土,用直尺检测直至修平为止。

⑦擦净环刀外壁,用天平称取出环刀及试样合计质量 m_1,精确至0.1g。

⑧自环刀中取出试样,取具有代表性的试样,测定其含水率 w。

(2)用人工取土器测定砂性土或砂层密度的步骤。

①如为湿润的砂土，试验室不需使用击实锤和定向筒，在铲平的地面上，细心挖出一个直径较环刀外径略大的砂土柱，将环刀刃口向下，平置于砂土柱上，用两手平稳地将环刀垂直压下，直至砂土柱突出环刀上端约2cm时为止。

②削掉环刀口上的多余砂土，并用直尺刮平。

③在环刀上口盖一块平滑的木板，一手按住木板，另一手用小铁锹将试样从环刀底部切断，然后将装满试样的环刀反转过来，削去环刀刃口上部的多余砂土，并用直尺刮平。

④擦净环刀外壁，称环刀与试样合计质量 m_1，精确至0.1g。

⑤自环刀中取具有代表性的试样测定其含水率 w。

⑥干燥的砂土不能挖成砂土柱时，可直接将环刀压入或打入土中。

(3)精密度和允许差

本试验须进行两次平行测定，取其算术平均值，其平行差值不得大于0.03g/cm³。求其算术平均值。

2.1.5　试验结果计算

(1)按式(T 0923-1)、式(T 0923-2)计算试样的湿密度及干密度。

$$\rho = \frac{4 \times (m_1 - m_2)}{\pi d^2 h} \qquad (T\ 0923\text{-}1)$$

$$\rho_{d} = \frac{\rho}{1 + 0.01w} \qquad (T\ 0923\text{-}2)$$

式中:ρ——试样的湿密度,g/cm^3;

ρ_d——试样的干密度,g/cm^3;

m_1——环刀与试样合计质量,g;

m_2——环刀质量,g;

d——环刀直径,mm;

h——环刀高度,mm;

w——试样的含水率,%。

(2)按式(T 0923-3)计算施工压实度。

$$K = \frac{\rho_{d}}{\rho_{c}} \times 100 \qquad (T\ 0923\text{-}3)$$

式中:K——测试地点的施工压实度,%;

ρ_d——试样的干密度,g/cm^3;

ρ_c——由击实试验得到的试样的最大干密度,g/cm^3。

2.1.6 试验记录

环刀法测定压实度试验记录示例见表 T 0923-1。

2.1.7 试验规程及评定依据

(1)《公路路基路面现场测试规程》(JTG E60—2008)

(2)《公路工程质量检验评定标准》(JTG F80/1—2004)

压实度（环刀法）试验记录表

表 T 0923-1

测点桩号		—				—			
环刀号		1		2		3		4	
环刀容积（cm^3）		200		200		200		200	
环刀质量（g）		177.0		180.1		179.9		174.3	
土＋环刀质量（g）		580.1		578.9		584.5		579.2	
湿土质量（g）		403.1		398.8		404.6		404.9	
湿密度（g/cm^3）		2.02		1.99		2.02		2.02	
含水率测定	盒号	201	202	203	204	205	206	207	208
	盒质量（g）	23.51	22.64	23.65	24.40	22.68	24.04	35.25	24.48
	盒＋湿土质量（g）	73.36	73.54	77.31	79.38	71.66	79.05	80.18	67.53
	盒＋干土质量（g）	65.00	65.25	68.43	70.37	63.24	69.85	72.30	59.86
	水质量（g）	8.36	8.29	8.88	9.01	8.42	9.20	7.88	7.67
	干土质量（g）	41.49	42.61	44.78	45.97	40.56	45.81	37.05	35.38
	含水率（%）	20.15	19.46	19.83	19.60	20.76	20.08	21.27	21.68
	平均含水率（%）	19.8		19.7		20.4		21.5	
干密度（g/cm^3）		1.69		1.66		1.68		1.66	
平均干密度（g/cm^3）		1.68				1.67			
取用最大干密度（g/cm^3）		1.75				1.75			
压实度（%）		96.0				95.4			

2.1.8 注意事项

(1)在压实层上铲去表面浮动及不平整的部分时应达到一定深度,使环刀打下后,能达到要求的取土深度。

(2)环刀应垂直打入压实层中。

2.2 界限含水率试验(液限和塑限联合测定法)(参照T 0118—2007 执行)

2.2.1 目的和适用范围

(1)本试验的目的是联合测定土的液限和塑限,用于划分土类、计算天然稠度和塑性指数,供公路工程设计和施工适用。

(2)本试验适用于粒径不大于0.5mm、有机质含量不大于试样总质量5%的土。

2.2.2 主要检测设备

(1)圆锥仪:锥质量为100g或76g,锥角30度,读数显示形式宜采用光电式、数码式、游标式、百分表式,联合测定仪如图T 0118-1所示。

(2)盛土杯:直径50mm,深度40~50mm。

(3)天平:称量200g,感量0.01g,如图T 0118-2所示。

2.2.3 试验准备

(1)样品准备

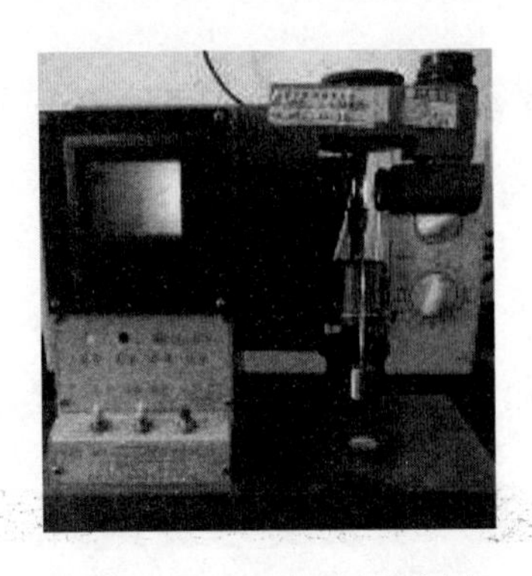

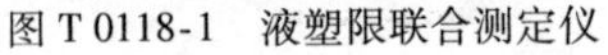

图 T 0118-1　液塑限联合测定仪

图 T 0118-2　感量 0.01g 电子天平

①取有代表性的天然含水率或风干土样进行试验如土中含有大于 0.5mm 的土粒或杂物时,应将风干土样用带橡皮头的研杵研碎或用木棒在橡皮板上压碎,过 0.5mm 的筛。

②取 0.5mm 筛下的代表性土样 200g,分开放入三个盛土皿中,加不同数量的蒸馏水,土样的含水率分别控制在液限(a 点)、略大于塑限(c 点)和两者的中间状态(b 点)。用调土刀调匀,盖上湿布,放置 18h 以上。测定 a 点的锥入深度,对于 100g 锥应为 20mm ±0.2mm,对于 76g 锥应为 17mm。测定 c 点的锥入深,对于 100g 锥应控制在 5mm 以下,对于 76g 锥应控制在 2mm 以下。对于砂类土,用 100g 锥测定 c 点的锥入深度可大于 5mm,用 76g 锥测定 c 点的锥入深度可大于 2mm。

(2)设备准备

①检查数显式液塑限联合测定仪是否正常启动,定时

功能是否正常。

②设定烘箱温度105～110℃。

2.2.4　试验步骤

(1)将制备的土样充分搅拌均匀,分层装入盛土杯,用力压密,使空气溢出。对于较干的土样,应先充分搓揉,用调土刀反复压实。试杯装满后,刮成与杯边齐平。

(2)当用游标式或百分表式液限塑限联合测定仪试验时,调平仪器,提起锥杆(此时游标或百分表读数为零)、锥头上涂少许凡士林。

(3)将装好土样的试杯放在联合测定仪的升降座上,转动升降旋钮,带锥尖与土样表面刚好接触时停止升降,扭动坠下降旋钮,同时开动秒表,经5s时,松开旋钮,锥体停止下落,此时游标读数即位椎入深度h_1。

(4)改变锥尖与土接触位置(锥尖两次锥入位置及距试杯边缘距离均不小于1cm),重复本试验(2)和(3)步骤,得锥入深度h_2。h_1、h_2允许误差为0.5mm,否则,应重做。取h_1、h_2平均值作为该点的锥入深度h。

(5)去掉锥尖入土处的凡士林,取10g以上的土样两个,分别装入称量盒内,称质量(精确至0.01g),测定其含水率(计算到0.1%)。计算含水率平均值w。

(6)重复(1)至(5)步骤,对其两个含水率土样进行试验,测其锥入深度和含水率。

(7)用光电式或数码式液限塑限联合测定仪测定时,

接通电源，调平机身，打开开关，提上锥体（此时刻度或数码显示应为零）。将装好土样的试杯放在升降座上，转动升降旋钮，试杯徐徐上升，土样表面和锥尖刚好接触，指示灯亮，停止转动旋钮，锥体立刻自行下沉，5s 时，自动停止下落，读数窗上或数码管上显示键入深度。试验完毕，按动复位按钮，锥体复位，读数显示为零。

2.2.5　试验结果计算

（1）在双对数坐标纸上，以含水率 ω 为横坐标，锥入深度 h 为纵坐标，点绘 a、b、c3 点含水率的 h-w 图，如图 T 0118-3所示。连此 3 点，应呈一条直线。如 3 点不在同一直线上，要通过 a 点与 b、c 两点连成两条直线，根据液限（a 点含水率）在 h_p-w_L图上查得 h_p，以此 h_p 再在 $h-w$图上的 ab 及 ac 两直线上求出相应的两个含水率，当两个含水率的差值小于 2% 时，以该两点含水率的平均值与 a 点连成一直线。当两个含水率的差值大于 2% 时，应重做试验。

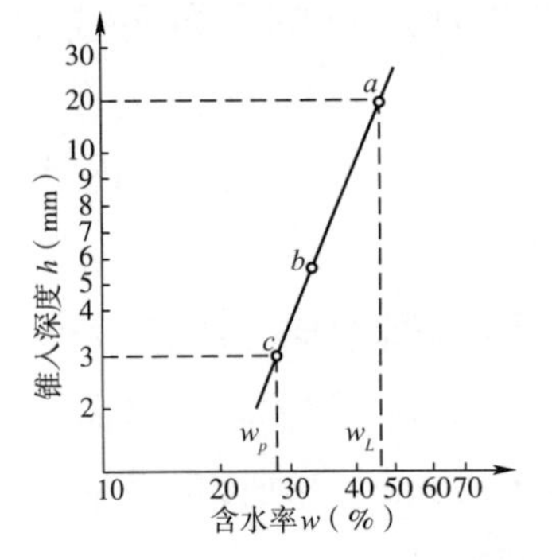

图 T 0118-3　锥入深度与含水率（h-w）关系

（2）液限的确定方法

①若采用 76g 锥做液塑限试验，则在 h-w 图上，查得纵坐标入土深度 $h=17$mm 所对应的横坐标的含水率 w，即为该土样的液限。

②若采用100g锥做液塑限试验，则在 $h-w$ 图上，查得纵坐标入土深度 $h=20\text{mm}$ 所对应的横坐标的含水率 w，即为该土样的液限。

(3)塑限的确定方法

①根据本试验5.2.1条求出的液限，通过76g锥入土深度 h 与含水率 w 的关系曲线查得锥入土深度为2mm所对应的含水率即为该土样的塑限 w_p

②根据本试验5.2.2条求出的液限，通过液限 w_L 与塑限时入土深度 h_p 的关系曲线如图T 0118-4所示，查得 h_p，再由图T 0118-3求出入土深度为 h_p 时所对应的含水率，即为该土样的塑限 w_p，查 h_p-w_L 关系图时，须先通过简易鉴别法及筛分法（见土的工程分类及T 0115—1993）把砂土和细粒土区别开来，再按这两种土分别采用相应的 h_p-w_L 关系曲线；对于细粒土，用双曲线确定 h_p 值，对于砂类土，则用多项式曲线确定 h_p 值。

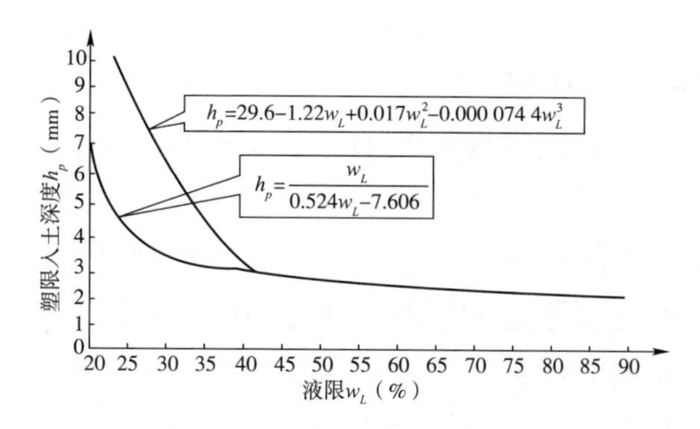

图T 0118-4 h_p-w_L 关系曲线

③根据本规程5.(2).②求出的液限，当 a 点的锥入深度在20mm±0.2mm范围内时，应在 ad 线上查得入土深度为20mm处相对应的含水率，此为液限 w_L。在用此液限在“图T 0118-3 h_p-w_L 关系曲线”上找出与之相对应的塑限入土深度 h'_p，然后到 h-w 图 ad 直线上查得 h'_p 相对应的含水率，此为塑限 w_p。

(4)精密度和允许差

①本试验须进行两次平行测定，取其算术平均值，以整数(%)表示。

②其允许差值为：高液限土小于或等于2%，低液限土小于或等于1%。

2.2.6　试验记录

界限含水率试验(液限和塑限联合测定法)记录示例见表T 0118-1。

2.2.7　试验规程

《公路土工试验规程》(JTG E40—2007)

2.2.8　注意事项

(1)本方法不适用于粒径大于5mm的土。

(2)闷料时间需在18h以上。

(3)锥入深度允许平行误差为0.5mm。

(4)本次试验需进行两次平行测定。

表 T 0118-1

界限含水率试验(液限和塑限联合测定法)记录表(1)

试验项目 \ 试验次数		1		2		3	
入土深度(mm)	h_1	1.97		8.91		19.98	
	h_2	2.11		8.79		20.02	
	$(h_1+h_2)/2$	2.04		8.85		20.00	
含水率(%)	盒号	001	002	003	004	005	006
	盒质量(g)	24.31	24.16	23.74	22.54	22.41	23.65
	盒+湿土质量(g)	34.37	36.09	34.45	30.65	34.1	36.42
	盒+干土质量(g)	32.62	34.04	31.91	28.67	30.79	32.78
	水分质量(g)	1.75	2.05	2.54	1.98	3.31	3.64
	干土质量(g)	8.31	9.88	8.17	6.13	8.38	9.13
	含水率(%)	21.1	20.7	31.1	32.3	39.5	39.9
	平均含水率(%)	20.9		31.7		39.7	

续上表

试验项目 \ 试验次数		1	2	3
液限(%)	39.7	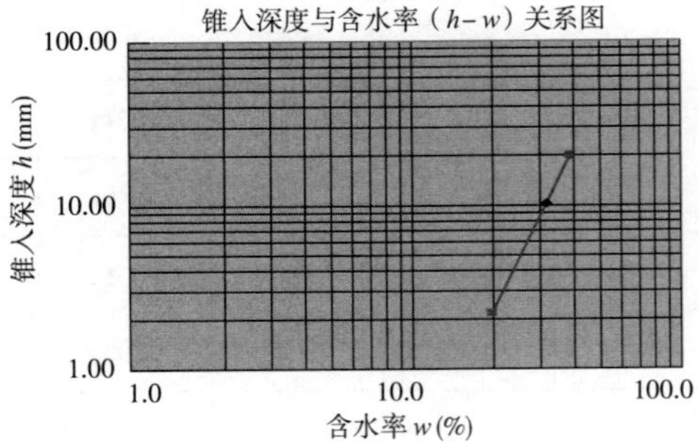 锥入深度与含水率（$h-w$）关系图 锥入深度 h(mm)：100.00、10.00、1.00 含水率 w(%)：1.0、10.0、100.0		
塑限(%)	23.4			
塑性指数	16.3			

界限含水率试验(液限和塑限联合测定法)记录表(2)

试验项目 \ 试验次数		1	2	3
入土深度(mm)	h_1	2.12	10.10	20.03
	h_2	2.27	10.21	19.97
	$(h_1+h_2)/2$	2.20	10.16	20.00

续上表

试验项目 \ 试验次数		1		2		3	
含水率（%）	盒号	007	008	009	010	011	012
	盒质量(g)	22.35	30.68	23.68	22.45	22.31	24.65
	盒+湿土质量(g)	35.30	43.84	34.56	32.90	35.20	35.76
	盒+干土质量(g)	33.12	41.65	31.87	30.34	31.57	32.61
	水分质量(g)	2.18	2.19	2.69	2.56	3.63	3.15
	干土质量(g)	10.77	10.97	8.19	7.89	9.26	7.96
	含水率(%)	20.2	20.0	32.9	32.5	39.2	39.6
	平均含水率(%)	20.1		32.7		39.4	
液限(%)	39.4	锥入深度与含水率（$h-w$）关系图 锥入深度h(mm)：100.00 10.00 1.00 含水率w(%)：1.0 10.0 100.0					
塑限(%)	22.8						
塑性指数	16.6						
结论		该土经平行试验测得液限为40%，塑限为23%，塑性指数为16					

2.3　土的承载比(CBR)试验(参照T 0134—1993执行)

2.3.1　目的和适用范围

(1)本试验方法只适用于在规定的试筒内制件后,对各种土和路面基层、底基层材料进行承载比试验。

(2)试样的最大粒径宜控制在20mm以内,最大不得超过40mm,且含量不超过5%。

2.3.2　主要检测设备

(1)圆孔筛:孔径40mm、20mm及5mm各一个。

(2)试筒:内径152mm、高170mm的金属圆筒;套环,高50mm;筒内垫块,直径151mm、高50mm;夯击底板,同击实仪,电动击实仪如图T 0134-1所示。

(3)夯锤和导管:夯锤的底面直径50mm,总质量4.5kg。夯锤在导管内的总行程为450mm,夯锤的形式和尺寸与重型击实试验法所用的相同,CBR则定仪如图T 0134-2所示。

(4)贯入杆,端面直径50mm、长约100mm的金属柱。

(5)路面材料强度仪或者其他荷载装置:能量不小于50kN,能调节贯入速度至每分钟贯入1mm。

(6)百分表:3个。

图 T 0134-1　电动击实仪

图 T 0134-2　CBR 测定仪

2.3.3　试验准备

(1)试样准备

将具有代表性的风干试料(必要时可在 50℃烘箱内烘干),用木碾捣碎,但尽量注意不使土或粒料的单个颗粒破碎。土团均应捣碎到通过 5mm 的筛孔。采取有代表性的试料 50kg,用 40mm 筛筛除大于 40mm 得颗粒,并记录超尺寸颗粒的百分数。将已过筛的试料按四分法取出约 25kg。再用四分法将取出的试料分成 4 份,每份质量 6kg,供击实试验和制试件之用。

(2)在预定做击实试验前一天,取有代表性的试料测定其风干含水率。测定含水率用的试样数量可参照表 T 0134-1。

(3)仪器准备:检查 CBR 仪是否正常启动,贯入速度是否能控制在 1mm/min。

测定含水率用试样的数量　　表 T 0134-1

最大粒径(mm)	试验质量(g)	个　数
<5	15~20	2
约 5	约 50	1
约 20	约 250	1
约 40	约 500	1

2.3.4　试验步骤

(1)称试筒本身质量(m_1),将试筒固定在底板上,将垫块放入筒中内,并在垫块上放一张滤纸,安上套环。

(2)将试料按表 T 0134-2 规定的层数和每层击数进行击实,求试料的最大干密度和最佳含水率。

(3)将其余 3 份试料,按最佳含水率制备 3 个试件。将一份试料平铺于金属盘内,按事先计算得的该份试料应加的水量按式(T 0134-1)均匀地喷洒在试料上。用小铲将试料充分拌和到均匀状态,然后装入密闭容器或塑料口袋内浸润备用。浸润时间:重黏土不得少于 24h,轻黏土可缩短到 12h,砂土可缩短到 1h,天然砂砾可缩短到 2h 左右。制每一个试件时,都要取样测定试料的含水率。

$$m_w = \frac{m_i}{1 + 0.01w_i} \times 0.01(w - w_i) \quad (T\ 0134\text{-}1)$$

式中:m_w——所需的加水量,g;

m_i——含水率 w_i 时土样的质量,g;

w_i——土样原有含水率,%;

w——要求达到的含水率,%。

击实试验方法种类

表 T 0134-2

试验方法	类别	锤底直径（cm）	锤质量（kg）	落高（cm）	试筒尺寸		试样尺寸		层数	每层击数	击实功（kJ/cm^3）	最大粒径（mm）
					内径（cm）	高（cm）	高度（cm）	体积（cm^3）				
轻型	Ⅰ-1	5	2.5	30	10	12.7	12.7	997	3	27	598.2	20
	Ⅰ-2	5	2.5	30	15.2	17	12	2 177	3	59	598.2	40
重型	Ⅱ-1	5	4.5	45	10	12.7	12.7	997	5	27	2 687.0	20
	Ⅱ-2	5	4.5	45	15.2	17	12	2 177	3	98	2 677.2	40

注:需要时,可制备三种干密度试件。如每种干密度试件制 3 个,则共制九个试件。每层击数分别为 30、50 和 98 次,使试件的干密度从低于 95% 到等于 100% 的最大干密度。这样,9 个试件共需试料约 55kg。

(4)将试筒放在坚硬的地面上,取备好的试样分 3 次倒入筒内(视最大粒径而定),每层需试样 1 700g 左右(其量应使击实后的试样高出 1/3 筒高 1 ~ 2mm)。整平表面,并稍加压紧,然后按规定的击数进行第一层试样的击实,击实时锤应自由垂直落下,锤迹必须均匀分布于试样面上。第一层击实完后,将试件层面“拉毛”,然后再装入套筒,重复上述方法进行其余每层试样的击实。大试筒击实后,试样不宜高出筒高 10mm。

(5)卸下套环,用直刮刀沿试筒顶修平击实的试件,表面不平整处用细集修补。取出垫块,称试筒和试件的质量(m_2)。

(6)泡水测膨胀量的步骤如下:

①在试件制成后,取下试件顶面的破残滤纸,放一张好滤纸,并在上安装附有调节杆的多孔板,在多孔板上加 4 块荷载板。

②将试筒与多孔板一起放入槽中(先不放水),并用拉杆将模具拉紧,安装百分表,并读取初读数。

③向水槽内放水,使水自由进到试件的顶部和底部。在泡水期间,槽中应保持在试件顶面以上大约 25mm。通常试件要泡水 4d。

④泡水结束时，读取试件上百分表的终读数，并用式（T 0134-2）计算膨胀量：

$$
膨胀量 = \frac{泡水后试件高度变化}{原试件高(=12mm)} \times 100 \quad (T\ 0134\text{-}2)
$$

⑤从水槽中取出试件，倒出试件顶面的水，静置15min，让其排水，然后卸去附加荷载和多孔板、底板和滤纸，并称量（m_3），以计算试件的湿度和密度的变化。

（7）贯入试验：

①将泡水试验终了的试件放到路面材料强度试验仪的升降台上，调整偏球座，使贯入杆与试件顶面全面接触，在贯入杆周围放置4块荷载板。

②先在贯入杆上施加45N荷载，然后将测力和测变形的百分表的指针都调整至整数，并记读起始读数。

③加荷使贯入杆以1～1.25mm/min的速度压入试件，记录测力计内百分表某些整读数（如20、40、60）时的贯入量，并注意使贯入量为250×10^{-2}mm时，能有5个以上的读数。因此，测力计内的第一个读数应是贯入量30×10^{-2}mm左右。

2.3.5 试验结果计算

（1）以单位压力（p）为横坐标，贯入量（l）为纵坐标，绘制p-l关系曲线，如图T 0134-3所示。图上曲线1是合适的。曲线2开始段是凹曲线，需要进行修正。修正时在变曲率点引一切线，与纵坐标交于O'点，O'即为修正后的原点。

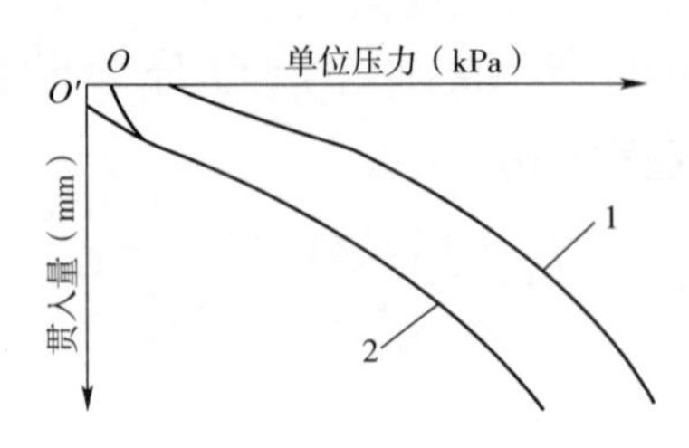

0134-3　单位压力与贯入量的关系曲线

(2)一般采用贯入量为2.5mm时的单位压力与标准压力之比作为材料的承载比(CBR),按式(T 0134-3)计算。

$$CBR = \frac{P}{7\ 000} \times 100 \qquad (T\ 0134\text{-}3)$$

式中:CBR——承载比(%),计算至0.1;

P——单位压力(kPa)。

同时按式(T 0134-4)计算贯入量为5mm时的承载比。

$$CBR = \frac{P}{10\ 500} \times 100 \qquad (T\ 0134\text{-}4)$$

如贯入量为5mm时的承载比大于2.5mm时的承载比,则试验要重作。如果仍然如此,则采用5mm时的承载比。

(3)试件的湿密度用式(T 0134-5)计算。

$$\rho = \frac{m_2 - m_1}{2\ 177} \qquad (T\ 0134\text{-}5)$$

式中:ρ——试件的湿密度,g/cm^3,计算精确至0.01;

m_2——试筒和试件的和质量,g;

m_1——试筒的质量,g;

2 177——试筒的容积,cm^3。

(4)试件的干密度按式(T 0134-6)计算。

$$\rho_d = \frac{\rho}{1 + 0.01w} \qquad (T\ 0134\text{-}6)$$

式中:ρ_d——试件的干密度,g/cm³,计算精确至0.01;

w——试件的含水率。

(5)泡水后试件的吸水量按式(T 0134-7)计算。

$$\omega_a = m_3 - m_2 \qquad (T\ 0134\text{-}7)$$

式中:ω_a——泡水后试件的吸水量,g;

m_3——泡水后试筒和试件的和质量,g;

m_2——试筒和试件的合质量,g。

(6)精密度和允许差

①如根据3个平行试验结果计算得的承载比变异系数C_V大于12%,则去掉一个偏离大的值,取其余2个结果的平均值。如果C_V小于12%,且3个平行试验结果计算的干密度偏差小于0.03g/cm³,则取3个结果的平均值。如3个试验结果计算的干密度偏差超过0.03g/cm³,则去掉一个偏离大的值,取其2个结果的平均值。

②承载比小于100,相对偏差不大于5%;承载比大于100,相对偏差不大于10%。

2.3.6 试验记录

土的承载比(CBR)试验记录示例见表T 0134-3。

2.3.7 试验规程

《公路土工试验规程》(JTG E40—2007)

表 T 0134-3

土的承载比(CBR)试验记录表

土的承载比(CBR)试验记录表(1)					
贯入试验					
荷载测力计百分表读数 R	单位压力 P(kPa) $P=C\times R/A$	左表读数 (0.01mm)	右表读数 (0.01mm)	平均值 (0.01mm)	贯入量 (mm)
103.2	223	51.3	50.9	51.5	0.51
105.4	361	101.4	102.2	101.8	1.02
108.3	544	150.8	150.6	150.7	1.51
111.2	727	200.0	200.6	200.3	2.00
112.6	815	251.1	250.3	250.7	2.51
113.5	872	301.3	300.9	301.1	3.01
114.0	904	352.1	352.1	352.1	3.52
114.6	941	400.8	401.5	401.2	4.01
115.4	992	450.7	451.1	450.9	4.51
116.0	1 030	500.8	500.6	500.7	5.01

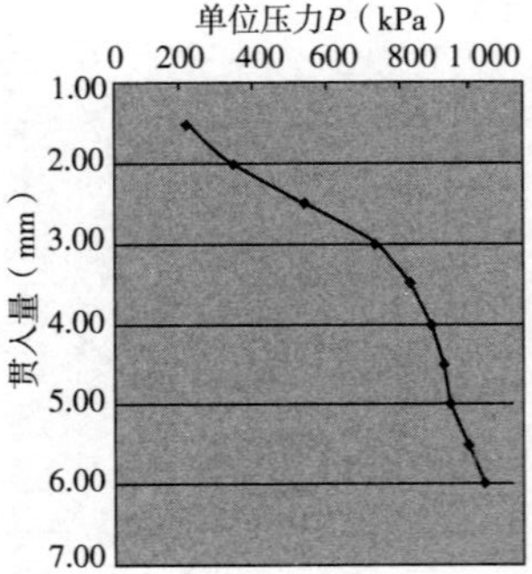

续上表

<table>
<tr><td colspan="5">贯入试验</td></tr>
<tr><td rowspan="5">膨胀量</td><td>试验次数</td><td>1</td><td>2</td><td>3</td></tr>
<tr><td>筒号</td><td>26</td><td></td><td>—</td></tr>
<tr><td>泡水前试件高度(mm)</td><td>120</td><td>—</td><td>—</td></tr>
<tr><td>泡水后试件高度(mm)</td><td>120.73</td><td>—</td><td>—</td></tr>
<tr><td>膨胀量(%)</td><td>0.608</td><td>—</td><td>—</td></tr>
<tr><td rowspan="6">密度</td><td>筒质量(g)</td><td>4 705</td><td>—</td><td>—</td></tr>
<tr><td>筒+试件质量(g)</td><td>9 244</td><td>—</td><td>—</td></tr>
<tr><td>筒体积(cm^3)</td><td>2 177</td><td>—</td><td>—</td></tr>
<tr><td>湿密度(g/cm^3)</td><td>2.08</td><td>—</td><td>—</td></tr>
<tr><td>含水率(%)</td><td>16.0</td><td>—</td><td>—</td></tr>
<tr><td>干密度(g/cm^3)</td><td>1.80</td><td>—</td><td>—</td></tr>
<tr><td rowspan="2">吸水量</td><td>泡水后筒+试件合质量(g)</td><td>9 307</td><td>—</td><td>—</td></tr>
<tr><td>吸水量(g)</td><td>63</td><td>—</td><td>—</td></tr>
<tr><td colspan="2">量力环校正系数 $C = R \times 0.123\,8 - 12.339$</td><td colspan="3">贯入杆面积(m^2):$1.963\,5 \times 10^{-3}$</td></tr>
<tr><td colspan="2">贯入量为2.5mm时的承载比(%)</td><td>11.6</td><td>贯入量为5mm时的承载比(%)</td><td>9.8</td></tr>
</table>

续上表

土的承载比(CBR)试验记录表(2)						
贯入试验						
荷载测力计百分表读数 R	单位压力 P(kPa) $P=C\times R/A$	左表读数 (0.01mm)	右表读数 (0.01mm)	平均值 (0.01mm)	贯入量 l(mm)	
104.2	286	48.1	48.5	48.3	0.48	
107.2	475	100.9	100.2	100.6	1.01	
110.3	670	151.0	151.5	151.2	1.51	
112.2	790	199.9	200.7	200.3	2.00	
113.0	841	250.7	250.9	250.8	2.51	
113.8	891	301.8	300.7	301.2	3.01	
114.3	923	350.7	350.7	350.7	3.51	
114.8	954	401.4	401.2	401.3	4.01	
115.4	992	450.8			4.51	
116.1	1 036	500.4			5.00	

单位压力P（kPa）
0 200 400 600 800 1 000
贯入量（mm）
1.00 2.00 3.00 4.00 5.00 6.00 7.00

续上表

贯入试验				
	试验次数	1	2	3
膨胀量	筒号	—	27	—
	泡水前试件高度(mm)	—	120	—
	泡水后试件高度(mm)	—	120.65	—
	膨胀量(%)	—	0.542	—
密度	筒质量(g)	—	4 160	—
	筒+试件质量(g)	—	8 787	—
	筒体积(cm^3)	—	2 177	—
	湿密度(g/cm^3)	—	2.13	—
	含水率(%)	—	16.0	—
	干密度(g/cm^3)	—	1.83	—
吸水量	泡水后筒+试件合质量(g)	—	8 857	—
	吸水量(g)	—	70	—
量力环校正系数 $C = R \times 0.1238 - 12.339$		贯入杆面积(m^2):1.9635×10^{-3}		
贯入量为2.5mm时的承载比(%)		12.0	贯入量为5mm时的承载比(%)	9.9

续上表

土的承载比(CBR)试验记录表(3)

贯入试验

荷载测力计百分表读数 R	单位压力 P(kPa) $P=C\times R/A$	百分表读数(0.01mm)	贯入量 l(mm)
103.5	242	50.6	0.51
106.7	443	100.6	1.01
109.2	601	150.8	1.51
111.6	752	201.2	2.01
112.7	822	250.7	2.51
113.4	866	301.2	3.01
114.1	910	353.6	3.54
114.8	954	401.3	4.01
115.4	992	450.6	4.51
116.1	1 036	500.6	5.01

单位压力 P（kPa）
0 200 400 600 800 1 000 1 200
贯入量（mm）
1.00 2.00 3.00 4.00 5.00 6.00 7.00

续上表

<table>
<tr><th colspan="5">贯入试验</th></tr>
<tr><td rowspan="5">膨胀量</td><td>试验次数</td><td>1</td><td>2</td><td>3</td></tr>
<tr><td>筒号</td><td>—</td><td>—</td><td>28</td></tr>
<tr><td>泡水前试件高度(mm)</td><td>—</td><td>—</td><td>120</td></tr>
<tr><td>泡水后试件高度(mm)</td><td>—</td><td>—</td><td>120.64</td></tr>
<tr><td>膨胀量(%)</td><td>—</td><td>—</td><td>0.533</td></tr>
<tr><td rowspan="6">密度</td><td>筒质量(g)</td><td>—</td><td>—</td><td>4 096</td></tr>
<tr><td>筒 + 试件质量(g)</td><td>—</td><td>—</td><td>8 725</td></tr>
<tr><td>筒体积(cm^3)</td><td>—</td><td>—</td><td>2 177</td></tr>
<tr><td>湿密度(g/cm^3)</td><td>—</td><td>—</td><td>2.13</td></tr>
<tr><td>含水率(%)</td><td>—</td><td>—</td><td>16.0</td></tr>
<tr><td>干密度(g/cm^3)</td><td>—</td><td>—</td><td>1.83</td></tr>
<tr><td rowspan="2">吸水量</td><td>泡水后筒 + 试件合质量(g)</td><td>—</td><td>—</td><td>8 795</td></tr>
<tr><td>吸水量(g)</td><td>—</td><td>—</td><td>70</td></tr>
<tr><td colspan="2">量力环校正系数 $C = R \times 0.123\,8 - 12.339$</td><td colspan="3">贯入杆面积(m^2):$1.963\,5 \times 10^{-3}$</td></tr>
<tr><td colspan="2">贯入量为2.5mm时的承载比(%)</td><td>11.7</td><td>贯入量为5mm时的承载比(%)</td><td>9.9</td></tr>
<tr><td colspan="5">结论:击实次数为98次时,该土的三次膨胀量平均值为0.561%,干密度平均值为$1.82g/cm^3$,吸水量平均值为68g,CBR平均值为11.8%,变异系数为1.8% <12%</td></tr>
</table>

2.3.8 注意事项

(1)浸润时间:重黏土不得少于24h,轻黏土可缩短到12h,砂土可缩短到1h,天然砂砾可缩短到2h左右。

(2)加荷使贯入杆以1~2.5mm/min的速度压入试件。

(3)如贯入量为5mm时的承载比大于2.5mm时的承载比,则试验要重做。如果仍然如此,则采用5mm时的承载比。

(4)承载比小于100,相对偏差不大于5%;承载比大于100,相对偏差不大于10%。

(5)路面材料强度仪或者其他荷载装置,建议能量不大于10kN。

2.4 土的含水率试验(烘干法)(参照T 0103—1993执行)

2.4.1 目的与适用范围

本试验方法适用于测定黏质土、粉质土、砂类土、砂砾土、有机质土和冻土土类的含水率。

2.4.2 主要检测设备

(1)烘箱:可采用电热烘箱或温度能保持105~110℃的其他能源烘箱,如图T 0103-1所示。

(2)天平:感量0.01g和感量0.1g各一台,如图T 0103-2所示。

2.4.3　试验准备

(1)试样准备

取具有代表性土样,细粒土15~30g,砂类土、有机质土为50g,砂砾石为1~2kg,放入乘量盒内,立即盖好盒盖,称质量。

图T 0103-1　烘箱

T 0103-2　电子天平(感量0.01g)

(2)仪器准备

打开烘箱,调节温度在规定试验要求范围内。

2.4.4　试验步骤

(1)揭开盒盖,将试样和盒放入烘箱内,细粒土在105~110℃温度烘干时间不得少于8h,砂类土在105~110℃温度烘干时间不得少于6h,对于有机质超过5%的土或含石膏的土,应将温度控制在60~70℃的恒温下,干燥12~15h为好。

(2)将烘干后的试样和盒取出,放入干燥器内冷却(一般只需0.5~1h即可)。冷却后盖好盒盖,称质量,精确至0.01g。

注:对于大多数土,通常烘干16~24h就足够。但是,某些土或试样数量过多或试样很潮湿,可能需要烘更长时间。烘干的时间也与烘箱内试样的总质量、烘箱的尺寸及其通风系统的效率有关。

如铝盒的盖密闭,而且试样在称量前放置时间较短,可以不需要放在干燥器中冷却。

2.4.5　试验结果计算

(1)按式(T 0103-1)计算含水率:

$$w = \frac{m - m_s}{m_s} \times 100 \qquad (T\ 0103\text{-}1)$$

式中:w——含水率,%,计算精确至0.1;

m——湿土质量,g;

m_s——干土质量,g。

(2)精度和允许误差

含水量试验需进行两次平行测定,取其算术平均值,允许平均差值应符合表T 0103-1规定。

土的含水率试验容许平均值误差　　表T 0103-1

含水率(%)	允许平行差值(%)
5以下	0.3
40以下	≤1
40以上	≤2
对层状和网状构造的冻土	<3

2.4.6　试验记录

土的含水率试验(烘干法)记录示例见表T 0103-2。

含水率试验记录(烘干法)　　表T 0103-2

取样桩号	盒号	盒质量(g)	盒+湿土质量(g)	盒+干土质量(g)	水分质量(g)	干土质量(g)	含水率(%)	平均含水率(%)
1	020	23.86	72.68	64.54	8.14	40.68	20.0	20.2
	021	25.14	74.03	65.78	8.25	40.64	20.3	
2	022	23.08	72.15	63.57	8.58	40.49	21.2	21.4
	023	26.22	76.96	67.95	9.01	41.73	21.6	

2.4.7 试验规程

《公路土工试验规程》(JTG E40—2007)

2.4.8 注意事项

(1)试验前必须检查所用的仪器设备,确保设备功能正常。

(2)为减小平行误差含水率平行试验取样数量和取样位置尽量接近。

(3)根据不同土样选择合适的天平(细粒土、砂类土和有机质土选用感量0.01g电子天平,砂砾石选用感量0.1g电子天平)。

2.5 土的击实试验(参照T 0131—2007执行)

2.5.1 目的和适用范围

(1)本试验方法适用于细粒土。

(2)本试验分轻型击实和重型击实。轻型击实试验适用于粒径不大于20mm的土。重型击实试验适用于粒径不大于40mm的土。

(3)当土中最大颗粒粒径大于或等于40mm,并且大于或等于40mm的颗粒粒径的质量大于5%时,则应使用大尺寸试筒进行击实,或按5.4条进行最大干密度校正。大尺寸试筒要求其最小尺寸大于土样中最大颗粒粒径的5倍以上,并且击实试验的分层厚度应大于土样中最大颗粒粒径的3倍以上。单位体积击实功能应控制在2 677.2 ~ 2 687.0kJ/m³。

(4)当细粒土中的粗粒土总含量大于40%或粒径大于0.005mm的颗粒的含量大于土总质量的70%(即 $d_{30} \leqslant$ 0.005mm)时,还应做粗粒土最大干密度试验,其结果与重型击实试验结果比较,最大干密度取两种试验结果的最大值。

2.5.2　主要检测设备

(1)标准击实仪。击实试验方法和相应设备的主要参数应符合表T 0131-1规定。

(2)烘箱及干燥器。

(3)天平:感量0.01g,如图T 0131-1所示。

(4)台称:称量10kg,感量5g,如图T 0131-2所示。

图T 0131-1　电子天平(感量0.01g)

图T 0131-2　台称(感量1g)

(5)圆孔筛:孔径40mm、20mm和5mm各1个。

击实试验方法种类 表 T 0131-1

试验方法	类别	锤底直径 (cm)	锤质量 (kg)	落高 (cm)	试筒尺寸		试样尺寸		层数	每层击数	击实功 (kJ/cm^3)	最大粒径 (mm)
					内径 (cm)	高 (cm)	高度 (cm)	体积 (cm^3)				
轻型	Ⅰ-1	5	2.5	30	10	12.7	12.7	997	3	27	598.2	20
	Ⅰ-2	5	2.5	30	15.2	17	12	2 177	3	59	598.2	40
重型	Ⅱ-1	5	4.5	45	10	12.7	12.7	997	5	27	2 687.0	20
	Ⅱ-2	5	4.5	45	15.2	17	12	2177	3	98	2 677.2	40

重型试验方法。根据土的性质（含易击碎风化石数量多少、含水率高低），按表 T 0131-2 选用干土法（土不重复使用）或者湿土法。

（2）将击实筒放在坚硬的地面上，在筒壁上抹一层薄凡士林，并在筒底（小试筒）或垫块（大试筒）上放蜡纸或塑料薄膜。取制备好的土样分 3～5 次倒入筒内。小筒按三层法时，每次 800～900g（其量应使击实后的试样等于或者略高于筒高的 1/3）；按 5 层法时，每次 400～500g（其量应使击实后的试样等于或者略高于筒高的 1/5）。对于大试筒，先将垫块放入筒内底板上，按三层法，每层需试样 1 700g左右。整平表面，并稍加压紧，然后按规定的击数进行第一层的击实时击锤应自由垂直落下，锤迹必须均匀分布于土样面，第一层击实完后，将试样层面“拉毛”然后再装入套筒，重复上述方法进行其余各层土的击实。小试筒击实后，试样不应高出筒顶面 5mm；大试筒击实后，试样不应高出筒顶面 6mm。

（3）用修土刀沿套筒内壁削刮，使试样与套筒脱离后，扭动并取下套筒，齐筒顶细心削平试样，拆除底板、擦净筒外壁，称量，准确至 1g。

（4）用推土器推出筒内试样，从试样中心处取样测其含水率，计算至 0.1%。测定含水率用试样的数量按表 T 0131-2 规定取样（取出有代表性的土样）。两个试样含水率的精度应符合表 T 0131-3 的规定。

（5）对于干土法（土不重复使用）和湿土法（土不重

复使用)将试样搓散,然后按本试验第3条方法进行洒水、拌和,每次约增加2%~3%的含水率,其中有两个大于和两个小于最佳含水率,所需加水量按式(T 0131-1)计算。

测定含水率用试样的数量　　表 T 0131-3

最大粒径(mm)	试样质量(g)	个　数
<5	15~20	2
约5	约50	1
约20	约250	1
约40	约500	1

$$m_w = \frac{m_i}{1 + 0.01w_i} \times 0.01(w - w_i) \quad (T\ 0131\text{-}1)$$

式中:m_w——所需的加水量,g;

m_i——含水率 w_i 时土样的质量,g;

w_i——土样原有含水率,%;

w——要求达到的含水率,%。

2.5.5　试验结果计算

(1)击实后各点的干密度按式(T 0131-2)计算。

$$\rho_d = \frac{\rho}{1 + 0.01w} \quad (T\ 0131\text{-}2)$$

式中:ρ_d——干密度,g/cm^3;

ρ——湿密度,g/cm^3;

w——含水率,%。

(2)以干密度为纵坐标,含水率为横坐标,绘制干密度与含水率的关系式曲线,曲线上峰值点的纵、横坐标分别为最大干密度和最佳含水率。如曲线不能绘制出明显的峰值点,应进行补点或重做。

(3)按式(T 0131-3)或式(T 0131-4)计算饱和曲线的饱和含水率 w_{max},并绘制饱和含水率与干密度的关系曲线图。

$$w_{max} = \left[\frac{G_s\rho_w(1+w)-\rho}{G_s\rho}\right]\times 100 \quad (T\ 0131\text{-}3)$$

或

$$w_{max} = \left(\frac{\rho_w}{\rho_d}-\frac{1}{G_s}\right)\times 100 \quad (T\ 0131\text{-}4)$$

式中:w_{max}——饱和含水率,%,计算精确至0.01;

ρ——试样的湿密度;

ρ_w——水在4℃时的密度,g/cm^3;

ρ_d——试样的干密度,g/cm^3;

G_s——试样土粒相对密度,对于粗粒土,则为土中粗细颗粒的混合相对密度;

w——试样的含水率,%。

(4)当试样中有大于40mm的颗粒时,应先取出大于40mm,并求得其百分率P,把小于40mm部分做击实试验,按下面公式分别对试验所得的最大干密度和最佳含水率进行校正(适用于大于40mm颗粒的含量小于30%时)。

最大干密度按式(T 0131-5)校正。

$$\rho'_{dm} = \frac{1}{\dfrac{1-0.01p}{\rho_{dm}}+\dfrac{0.01p}{\rho_w G'_s}} \quad (T\ 0131\text{-}5)$$

式中：ρ'_{dm}——校正后的最大干密度，g/cm³，计算精确至0.01；

ρ_{dm}——用粒径小于40mm的土样试验所得的最大干密度，g/cm³；

p——试料中粒径大于40mm颗粒的百分率，%；

G'_s——粒径大于40mm颗粒的毛体积比重，计算精确至0.01。

最佳含水率按式(T 0131-6)校正。

$$w'_0 = w_0(1-0.01p)+0.01pw_2 \qquad (T\ 0131\text{-}6)$$

式中：w'_0——校正后的最佳含水率，%，计算精确至0.01；

w_0——用粒径小于40mm的土样试验所得的最佳含水率，%；

p——同前；

w_2——粒径大于40mm颗粒的吸水量，%。

(5)精密度和允许差。

本试验含水率需进行两次平行测定，取其算术平均值，允许平行差值应符合表(T 0131-4)的规定。

含水率测定允许平行差值　　表 T 0131-4

含水率(%)	允许平行差值(%)	含水率(%)	允许平行差值(%)	含水率(%)	允许平行差值(%)
5以下	0.3	40以下	≤1	40以上	≤2

2.5.6　试验记录

土工击实试验记录示例见表 T 0131-5。

土的击实试验记录表 表 T 0131-5

<table>
<tr><td colspan="11">击实试验记录表</td></tr>
<tr><td colspan="2">筒容积</td><td colspan="2">997cm^3</td><td colspan="2">击锤质量</td><td>4.5kg</td><td>每层
击数</td><td>27 击</td><td>落距</td><td>45cm</td></tr>
<tr><td rowspan="6">干密度</td><td>试验
次数</td><td></td><td colspan="2">1</td><td colspan="2">2</td><td colspan="2">3</td><td>4</td><td>5</td></tr>
<tr><td>筒加
湿土
质量</td><td>g</td><td colspan="2">4 102</td><td colspan="2">4 157</td><td colspan="2">4 238</td><td>4 234</td><td>4 228</td></tr>
<tr><td>筒质量</td><td>g</td><td colspan="2">2 026</td><td colspan="2">2 026</td><td colspan="2">2 026</td><td>2 026</td><td>2 026</td></tr>
<tr><td>湿土
质量</td><td>g</td><td colspan="2">2 076</td><td colspan="2">2 131</td><td colspan="2">2 212</td><td>2 208</td><td>2 202</td></tr>
<tr><td>湿密度</td><td>g/cm^3</td><td colspan="2">2.08</td><td colspan="2">2.14</td><td colspan="2">2.22</td><td>2.22</td><td>2.21</td></tr>
<tr><td>干密度</td><td>g/cm^3</td><td colspan="2">1.85</td><td colspan="2">1.88</td><td colspan="2">1.91</td><td>1.87</td><td>1.84</td></tr>
</table>

续上表

击实试验记录表

筒容积			997cm³		击锤质量		4.5kg	每层击数	27击	落距		45cm
含水率	盒号		001	002	003	004	005	006	007	008	009	010
	盒+湿土质量	g	95.90	95.63	108.46	115.03	95.41	85.48	93.45	87.52	100.33	93.36
	盒+干土质量	g	87.94	87.78	98.83	104.79	85.30	76.71	83.74	77.73	87.86	81.69
	盒质量	g	23.61	23.94	29.38	30.34	23.54	23.37	30.44	24.03	25.62	23.45
	水质量	g	7.96	7.85	9.63	10.24	10.11	8.77	9.71	9.79	12.47	11.67
	干土质量	g	64.33	63.84	69.45	74.45	61.76	53.34	53.3	53.7	62.24	58.24
	含水率	%	12.4	12.3	13.9	13.8	16.4	16.4	18.2	18.2	20.0	20.0
	平均含水率	%	12.3		13.8		16.4		18.2		20.0	

续上表

击实试验记录表							
筒容积	997cm³	击锤质量	4.5kg	每层击数	27 击	落距	45cm
最大干密度（g/cm³）	1.91	12.3，1.85；13.8，1.88；16.4，1.91；18.2，1.87；20.0，1.84					
最佳含水率（%）	16.4						
结论	该土在重型试验下测得的最大干密度为 1.91g/cm³，最佳含水率为 16.4%						

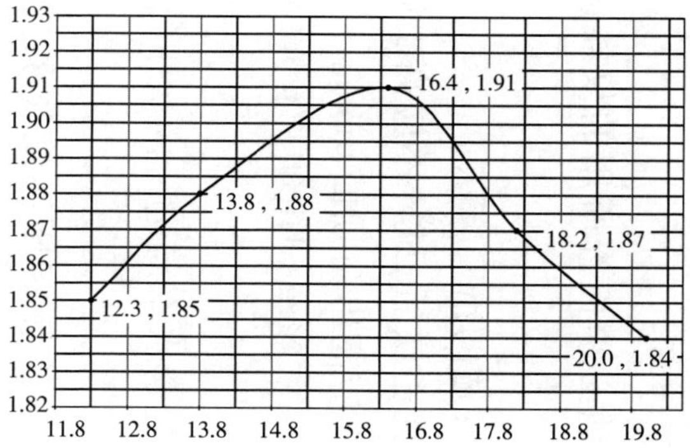

2.5.7　试验规程

《公路土工试验规程》(JTG E40—2007)

2.5.8　注意事项

(1)试验前必须检查所用的仪器设备,确保设备功能正常。

(2)选择合适的击实方法。

(3)小试筒击实后,试样不应高出筒顶面5mm;大试筒击实后,试样不应高出筒顶面6mm。

(4)如曲线不能绘制出明显的峰值点,应进行补点或重做。

(5)本试验含水率需进行两次平行测定。

2.6　挖坑灌砂法测定压实度试验方法(参照T 0921—2008执行)

2.6.1　目的和适用范围

(1)本试验方法适用于在现场测定基层(或底基层)、砂石路面及路基土的各种材料压实层的密度和压实度检测。但不适用于填石路堤等有大孔洞或大孔隙的材料压实层的压实度检测。

(2)用挖坑灌砂法测定密度和压实度时,应符合下列规定:

①当集料的最大粒径小于13.2mm,测定层的厚度不

超过 150mm 时,宜采用 ϕ100mm 的小型灌砂筒测试。

②当集料的最大粒径等于或大于 13.2mm,但不大于 31.5mm,测定层的厚度不超过 200mm 时,应用 ϕ150mm 的大型灌砂筒测试。

2.6.2 主要检测设备

(1)灌砂筒:有大小两种,根据需要采用。形式和主要尺寸见表 T 0921-1,当尺寸与表中不一致,但不影响适用时,亦可使用。上部为储砂筒,筒底中心有一个圆孔,下部装一倒置的圆锥形漏斗,漏斗上端开口,直径与储砂筒的圆孔相同,漏斗焊接在一块铁板上,铁板中心有一圆孔与漏斗上开口相接。在储砂筒筒底与漏斗顶端铁板之间设有开关。开关为一薄铁板,一端与筒底及漏斗铁板铰接在一起,另一端伸出筒身外,开关铁板上也有一个相同直径的圆孔,如图 T 0921-1 所示。

灌砂仪的主要尺寸要求 表 T 0921-1

结构		小型灌砂筒	大型灌砂筒
储砂筒	直径(mm)	100	150
	容积(cm^3)	2 120	4 600
流沙孔	直径(mm)	10	15
金属标定罐	内径(mm)	100	150
	外径(mm)	150	200
金属方盘基板	边长(mm)	350	400
	深(mm)	40	50
中孔	直径(mm)	100	150

(2)金属标定罐:用薄铁板制作的金属灌,上端周围有

一罐缘。

(3)基板:用薄铁板制作的金属方盘,盘的中心有一圆孔。

(4)天平或台秤:称量10~15kg,感量不大于1g。用于含水率测定的天平精度,对于细粒土、中粒土、粗粒土宜分别为0.01g、0.1g、1.0g,如图T 0921-1~T 0921-4所示。

图T 0921-1　灌砂筒

图T 0921-2　电子秤(感量1g)

图T 0921-3　电子天平(感量0.01g)

图T 0921-4　电子天平(感量0.1g)

2.6.3　试验准备

(1)按现行试验方法对检测对象试样用同种材料进行击实试验,得到最大干密度 p_e 及最佳含水率。

(2)按第1.(2)条的规定选用适宜的灌砂筒。

(3)按下列步骤标定罐砂筒下部圆锥体内砂的质量:

①在灌砂筒筒口高度上,向灌砂筒内装砂至距筒顶的距离15mm左右为止。称取装入筒内砂的质量 m_1,准确至1g。以后每次标定及试验都应该维持装砂高度与质量不变。

②将开关打开,使灌砂筒筒底的流砂孔、圆锥形漏斗上端开口圆孔及开关铁板中心的圆孔上下对准重叠在一起,让砂自由流出,并使流出砂的体积与工地所挖试坑内的体积相当(或等于标定罐的容积),然后关上开关。

③不晃动储砂筒的砂,轻轻地将灌砂筒移至玻璃板上,将开关打开,让砂流出,直到筒内砂不在下流时,将开关关上,并细心地取走灌砂筒。

④收集并称量留在玻璃板上的砂或称量筒内的砂,准确至1g。玻璃板上的砂就是填满灌砂筒下部圆锥体的砂(m_2)。

⑤重复上述测量三次,取其平均值。

(4)按下列步骤标定量砂的松方密度 ρ_s(g/cm^3):

①用水确定标定罐的容积 V,精确至1mL。

②在储砂筒中装入质量为 m_1 的砂,并将灌砂筒放在标定罐上,将开关打开,让砂流出。在整个流砂过程中,不要碰动灌砂筒,直到储砂筒内的砂不在下流时,将开关关闭。取下灌砂筒,称取筒内剩余砂的质量 m_3,精确至1g。

③按式(T 0921-1)计算填满标定罐所需砂的质量 m_a。

$$m_a = m_1 - m_2 - m_3 \qquad (T\ 0921\text{-}1)$$

式中：m_a——标定罐中砂的质量，g；

m_1——装入灌砂筒内砂的总质量，g；

m_2——灌砂筒下部圆锥体内砂的质量，g；

m_3——灌砂入标定罐后，筒内剩余砂的质量，g。

④重复上述测量三次，取其平均值。

⑤按式（T 0921-2）计算量砂的松方密度 ρ_s。

$$\rho_s = \frac{m_a}{V} \qquad (T\ 0921\text{-}2)$$

式中：ρ_s——量砂的松方密度，g/cm^3；

V——标定罐的体积，cm^3。

2.6.4　试验步骤

（1）在试验地点，选一块平坦表面，并将其清扫干净，其面积不得小于基板面积。

（2）将基板放在此平坦表面上。如此表面的粗糙度较大，则将盛有量砂（m_5）的灌砂筒放在基板中间的圆孔上。打开灌砂筒开关，让砂流入基板的中孔内，直到储砂筒内的砂不再下流时关闭开关。取下灌砂筒，并称筒内砂的质量 m_6，精确至1g。

（3）取走基板，并将留在试验地点的量砂收回，重新将表面起扫干净。

（4）将基板放回清扫干净的表面上（尽量放在原处），沿基板中孔凿洞（洞的直径与灌砂筒一致）。在凿洞过程中,应注意不使凿出的试样丢失,并随时将凿松的材料取出塑料袋中,不使水分蒸发,也可放在大试样盒内。试坑的深度应等于碾压层厚度,但不得有下层材料混入,最后将洞内的全部凿松材料取出。对土基或基层,为防止试样盘内材料的水分蒸发,可分几次称取材料的质量,全部取出材料的总质量为 m_w,精确至1g。

(5)从挖出的全部试样中取出代表性的试样品,放入铝盒中,测定其含水率 w(以%计)。样品数量如下:用小型灌砂筒测定时,对于细粒土,不少于100g;对于各种中粒土,不少于500g。用大型灌砂筒测定时,对于细粒土,不少于200g;对于各种中粒土,不少于1 000g;对于粗粒土或水泥、石灰、粉煤灰等无机结合料稳定材料,宜将取出的全部材料烘干,且不少于2 000g,称其质量 m_d。

(6)将基板安放在试坑上,将灌砂筒安放在基板中间(储砂筒内放满砂至恒质量 m_1),使灌砂筒的下口对准基板的中孔及试坑。打开灌砂筒开关,让砂流入试坑中,关闭开关。仔细取走灌砂筒,称量筒中剩余砂的质量 m_4,精确至1g。

(7)如清扫干净的平坦的表面上,粗糙度不大,也可省略(2)和(3)的操作。将灌砂筒直接放在已挖好的试坑上。打开筒的开关,让砂流入试坑内。在此期间,应注意勿碰动灌砂筒。直到储砂筒内的砂不再下流时,关闭开关。仔细取走灌砂筒,称量筒内剩余砂的质量 m'_4,精确至1g。

(8)取出试坑内的量砂,以备下次试验时再用。若量砂的湿度已发生变化或量砂中混有杂质，则应重新烘干，过筛，并放置一段时间，使其与空气中的湿度达到平衡后再用。

(9)如试坑有较大孔隙，量砂可能进入孔隙时，则应按试坑外形，松弛地放入一层柔软的纱布。然后再进行灌砂工作。

2.6.5　试验结果计算

(1)按式(T 0921-3)或式(T 0921-4)计算填满试坑所用砂的质量 m_b(g)。

灌砂时，试坑上放有基板：

$$m_b = m_1 - m_4 - (m_5 - m_6) \tag{T 0921-3}$$

灌砂时，试坑上不放基板：

$$m_b = m_1 - m'_4 - m_2 \tag{T 0921-4}$$

式中：m_b——填满试坑的砂的质量，g；

m_1——灌砂前灌砂筒内砂的质量，g；

m_2——灌砂筒下部圆锥体内砂的质量，g；

m_4、m'_4——灌砂后，灌砂筒内剩余砂的质量，g；

$m_5 - m_6$——灌砂筒下部圆锥体及基板和粗糙表面间砂的总质量，g。

(2)按式(T 0921-5)计算坑材料的湿密度 ρ_w(g/cm^3)。

$$\rho_w = \frac{m_w}{m_b} \times \rho_s \tag{T 0921-5}$$

式中：m_w——试坑中取出的全部材料的质量，g；

ρ_s——量砂的松方密度,g/cm³。

(3)按式(T 0921-6)计算试坑材料的干密度ρ_d(g/cm³)。

$$\rho_d = \frac{\rho_w}{1 + 0.01w} \qquad (T\ 0921\text{-}6)$$

式中:w——含水率,%。

(4)当为水泥、石灰、粉煤灰等无机结合料稳定土的场合,可按式(T 0921-7)计算干密度ρ_d(g/cm³)。

$$\rho_d = \frac{m_d}{m_b} \times \rho_s \qquad (T\ 0921\text{-}7)$$

式中:m_d——试坑中取出的稳定土的烘干质量,g。

(5)按式(T 0921-8)计算施工压实度。

$$K = \frac{\rho_d}{\rho_c} \times 100 \qquad (T\ 0921\text{-}8)$$

式中:K——测试地点的施工压实度,%;

ρ_d——试样的干密度,g/cm³;

ρ_c——由击实试验得到的试样的最大干密度,g/cm³。

(6)各种材料的干密度均应精确至0.01g/cm³。

2.6.6 试验记录

挖坑灌砂法测定压实度试验记录示例见表T 0921-2。

2.6.7 试验规程及评定依据

(1)《公路路基路面现场测试规程》(JTG E60—2008)

(2)《公路工程质量检验评定标准》(JTG F80/1—2004)

压实度(灌砂法)试验记录表　　表 T 0921-2

最大干密度:1.65g/cm³			最佳含水率:16%			
取样桩号			930 左	930 右	950 左	950 右
灰剂量试验盒号			—	—	—	—
量砂的单位重	g	ρ_s	1.436	1.436	1.436	1.436
灌入试坑前桶+砂质量	g	m_1	9 400	9 400	9 400	9 400
灌砂入试坑后桶+剩余砂质量	g	m_4、m_4'	4 852	4 925	4 764	4 826
灌砂桶下部圆锥体内及基板和地面粗糙表面间砂的合计质量	g	m_5-m_6	867	859	829	868
填满试坑所需砂质量,试坑上放板时:$m_b=m_1-m_4-(m_5-m_6)$不放板时:$m_b=m_1-m_4'-m_2$	g	m_b	3 681	3 616	3 807	3 706
土或稳定土湿质量	g	m_w	4 802	4 730	5 017	4 831
土或稳定土湿密度	g/cm³	$\rho_w=m_w\times\rho_s/m_b$	1.873	1.878	1.892	1.872

续上表

最大干密度:1.65g/cm^3			最佳含水率:16%							
取样桩号			930 左		930 右		950 左		950 右	
灰剂量试验盒号	—	—	—		—					
土或稳定土含水率	%	w	17.6		18.2		19.2		17.6	
土或稳定土干密度	g/cm^3	$\rho_d=\dfrac{\rho_w}{1+0.01w}$	1.592		1.589		1.587		1.592	
实测石灰剂量	%		5.7		6.4		5.8		6.0	
取用最大干密度	g/cm^3	ρ_{dmax}	1.65		1.65		1.65		1.65	
压实度	%	$k=\rho_d/\rho_{dmax}$	96.5		96.9		96.2		96.5	
含水量测定	盒号		235	203	253	219	239	226	258	224
	盒+湿土重(g)		104.48	107.27	114.57	108.28	99.94	96.01	113.36	113.99
	盒+干土重(g)		91.94	94.01	100.05	94.60	87.19	83.65	99.61	99.74
	盒重(g)		20.01	19.77	19.61	20.01	20.12	20.07	20.06	19.86
	水重(g)		12.53	13.26	14.52	13.68	12.75	12.36	13.75	14.25
	干土重(g)		71.93	74.24	80.44	74.59	67.07	63.58	79.55	79.88
	含水率(%)		17.42	17.86	18.05	18.34	19.01	19.44	17.29	17.84
	平均含水率(%)		17.6		18.2		19.2		17.6	

2.6.8 注意事项

(1)试验前必须检查所用的仪器设备,确保设备功能正常。

(2)灌砂过程中,勿碰触灌砂筒,并直至砂不再下流时,关闭开关,仔细取走灌砂筒。

(3)在凿洞过程中,应注意不使凿出的试样丢失,并随时将凿松的试料取出。

(4)若砂放置时间过长,再次使用时,应烘干、过筛,重新标定量砂密度。